JN438145

5인 시집

비와 함께 보내는 연서

강경배·김정자·김화연·선경님·최영문

5인 시집

비와 함께 보내는 연서

강경배·김정자·김화연·선경님·최영문

5인의 시인들의 특별한 시집을 만난다
각자의 삶이 도드라지는 각양각색의 시!

아픔은 여기까지 되돌아 온 삶은 그저 재미없고 밋밋하게 살렵니다
천신만고 끝에 폭풍우 뚫고 살아낸 힘겨운 삶을
의미 없이 던져버리기엔 길이 아님을 압니다

문학공원

자서

겁도 없이

무조건
덤벼듭니다
이 어려운
그 많은 시인들이 나자빠진
살판에

혼자하면 겁나고 무서워
다섯이 한 번 덤벼보렵니다
죽기 아니면 까무러치기
이판사판인데
그래도 나 좋아하는 게
우리 인생의 목표가 아니겠나 싶어
무조건 무작정 무시로
무대뽀
덤벼듭니다

겁도 없이

2022년 늦가을

강경배 김정자 김화연 선경님 최영문 배상

서문

독창적인 작품성과 휴머니즘

김 순 진(문학평론가 · 고려대 평생교육원 교수)

가까운 시인들께서 동인시집을 내신다는 것은 매우 고무적인 일로 권장해야 할 일이며 박수를 받기에 합당한 일이다. 왜냐하면 동인활동은 서로의 단점을 지적하고 스스로의 부족한 점을 보완하며, 보다 좋은 작품을 위하여 합평하고 토론하다 보면 어느새 작품성이 눈에 띄게 발전하는 것이 보이기 때문이다.

그런데 이 다섯 분의 작품은 그 작품성이 독창적이고 추구하는 이데아가 휴머니즘을 바탕에 깔고 있어 다른 시인들의 이정표가 될 만하다고 할 수 있겠다. 그럼 다섯 분의 작품을 조금씩 들여다보기로 한다.

우선 강경배 시인의 작품을 살펴보자. 강경배 시인의 작품은 상당히 현대 주류를 이루는 시단 문인들의 시를 닮아가고 있다. 그의 작품들은 산문화되거나 연가름이 생략된 경향을 보이고 있는데, 이는 시집을 많이 읽은 분들이 보이는 경향으로 평소에도 자신의 작품성을 위해 부단히 노력하고 있음을 보여준다.

김정자 시인의 시가 추구하는 것은 대부분 인간의 존엄에 관한 이야기다. 김정자 시인의 시는 초보 시인들이 범하는 자연에 대한 이야기나, 그리움을 주제로 써내려가기보다 한 단계 업그레이드 된 소재들로써 우리 주변에 산재한 다양한 소재를 통해 보다 긍정적이고 인간다운 삶을 도모하고 있다는 점이 그가 앞으로 좋은 시인으로 성장할 수 있음을 주목한다.

김화연 시인의 시는 대부분 심리묘사에 치중하고 있는 시다. 그것은 여류 시인들만이 가질 수 있는 특별한 여성성을 통한 내면 통찰의 시적 접근으로 이런 방법의 시는 점점 물질만능주의시대로 흘러가는 요즘 같은 시대에 한 번쯤 '인간은 왜 사는가?', '우리는 어디로 가는가?'에 대한 고민을 함으로써 인문학이 목적을 두는 인간성회복에 부합한다고 할 수 있다.

선경님 시인의 시에는 특별한 시어들이 있다. 그 시어들은 희망, 싹, 봄, 설렘 같은 미래지향적 시어들인데, 이는 선경님 시인이 얼마나 적극적인 사람이고 긍정적인 사람인지를 평가할 수 있다. 그는 자기의 시에 날카로움이나 난해함, 위해요소

등 어둠이 기생하지 못하도록 철저하게 밝음을 지향한다. 밝음을 지향하는 사람에게는 밝은 미래가 기다리는 법이다.

최영문 시인의 시는 고향과 전통, 향토적 정서를 밑바탕에 깔고 있어서 읽는 이로 하여금 은연중에 고개를 끄덕이게 한다든지, 무릎을 치며 공감하게 한다. 고향의 지형지물과 건물뿐만 아니라 어려서부터 습득해온 언어습관은 그 작가를 가장 독창적인 작품으로 이끄는 원동력으로써 이 시인은 그런 자산이 많은 시인으로 많은 독자들을 불러 모으게 될 것 같다.

이번에 함께한 다섯 분의 시인들은 이제 문단에서 가장 친한 시인이요 가장 든든한 응원자가 될 것이다. 이처럼 귀한 만남을 통한 다섯 분의 공동시집 출판을 진심으로 축하드린다. 해가 거듭될수록 그들의 명성이 드높아질 것이다.

차례

강/경/배

김/정/자

김/화/연

선/경/님

최/영/문

강 / 경 / 배

아호는 강산
전남 나주 출생
(사) 세계문학예술작가협회 이사
2019년 ≪세계문학예술≫ 시 부문 등단
2020년 ≪세계문학예술≫ 수필 부문 등단

수상
2019년 (사)세계문학예술작가협회 시 부문 신인문학상
2020년 (사)세계문학예술작가협회 수필 부문 신인 문학상
2021년 (사)세계문학예술작가협회 올해의 작가상

저서
2021년 시집 『젊은 느티나무의 이상』

공저
2019년 구암문학회 동인문집 『시처럼 꽃처럼』

어머니

콩잎 우거진 그늘에서
서글프게 울어대는 청개구리가 하늘을 울린다
천둥번개 퍼붓는 소나기에 콩밭을 지키던 연장들이
웃통을 벗은 채 밭두렁에 납작 엎드려 있다
다섯 손가락을 움켜쥔 호미는
잡초들과 전쟁을 치르느라 손바닥 지문을 찾을 수가 없다
호미의 할퀸 자국은 세월을 갉아먹은 주름살,
이가 상하고 손목, 발목이 고장 나고 허리까지 굽더니
콩인지 잡초인지 감각마저 희미해져갔다
날마다 키재기하며 밭고랑을 점령한 하얀 개망초들이
눈 부릅뜨고 씨를 키우기 위해
향기 없는 꽃다발을 안기며 아부 떨 때면
호미는 모성애를 깨우며 자식들 생각에 눈물을 훔친다
눈은 언제나 미소를 품고 있지만
자갈에 치여 닳고 닳아버린 어머니의 손,
살그머니 어머니의 두꺼비 손을 만져본다
마지막 남은 시간은 얼마나 될까
올 여름밤 청개구리는
유난히도 더 큰소리로 울부짖는다

각시와 신랑

천년을 사모하던 사이에
산 그림자 춤을 추며 구름다리를 건너다가
천년 해로 자키지 못한 약속 그대로 멈춰
족두리바위가 되고, 사모바위 되었다는 생각에
화사한 새색시 연지 곤지 그리며
숨찬 북한산계곡을 더듬으며 오른다.
치맛자락 움켜쥐고 신랑을 맞이하려던
각시의 뜨거운 가슴 식어버린 채
향로봉에 가마가 멈추고, 비봉에 백마가 멈춰
각시를 찾으러 달려갔지만 무심한 구름만 산자락을 애무한다
헉헉대는 소리에 향로봉과 비봉이 흔들리고
신랑이 벗어놓은 사모관대 바위가 되어
족두리 바위 향한 천년의 그리움 눈물은
신랑 각시를 위로하며 한강 되어 흐른다

마른 촛불

바람마저 주춤 되는
흔들리는 불꽃 가슴속에 남아있는 심지 끝
마른 피 한 방울까지 끌어올려
어둠의 장막을 들쳐본다
불꽃의 눈물 강물이 넘치고
눈물은 거름 되어 늘 푸른 밭
풀과 전쟁을 치르다
뼈를 깎아 살 타는 소리
풀꽃은 고개 숙여 눈물 닦는다
한줌 재가 되는 날까지
사랑을 태우고 또 태워
휘어진 등위에 꽃을 피워
나비가 날개를 접는다

밀당의 사랑

바다는 지구를 부둥켜안고 힘든 거품을 뿜는다

몸부림치는 절정으로 별을 따보려 하지만
파도의 손은 하얗게 흔들다 무너져 내린다
우수수 떨어지는 아픔의 파편들로
바다는 내 탓이요 내 탓이요 멍든 가슴을 치며
수없이 밀려왔다 밀려가는 그리움을 끝내 잡지 못한다
거친 바람을 품으면 성난 눈물을 닦을 수 있으련만
철퍼덕 철퍼덕 걸어 나와 눈물을 모래톱에 묻어두고
흠뻑 젖은 가슴의 첫단추를 몰래 풀어 놓는다

멀리 교회 종소리가 새벽을 깨운다
바다는 기도하는 마음으로
하늘과 맞닿은 수평선에 자존심을 뿌리고 나서야
소리 없는 외침이 소금꽃을 피운다

여명으로 더욱 반짝거리는 이슬 먹은 샛별 하나
아픔을 건너온 몽돌처럼 둥글둥글 살자 한다

흑백사진

바람이 시작되는 적도의 땅 코 묻은 돌담길이 있고 고추가 덜렁 나온 밑 터진 바지를 입은 아이들이 대롱대롱 코를 훌쩍인다

형아 들은 자치기 딱지치기를 하다 눈을 부라리고 까르르 웃음보 터진 괴성이 울린다

놀란 검둥이는 축 늘어진 젖꼭지를 질질 끌고 어디론가 바쁘게 걸어간다

쪽 진 머리 할머니의 홀쭉이 빠진 모습을 만났다

집집마다 망고 열매가 담을 넘어 열리고 텃밭에는 바나나 열매가 층층을 이루고 장닭이 울타리에 올라서서 날개를 털며 점심시간을 알린다

오토바이 한 대 휴대폰 한 대를 장만하기 위해 지갑을 탈탈 터는 젊은이들

'바람을 퍼트리면, 태풍을 거둘 것이다.'라는 그들의 속담처럼 행복지수 세계적인 우등생

소주와 막걸리는 없어도 원숭이 똥 커피는 있네

바람을 기다리는 그곳 마카사르 흑백사진의 과거가 그대로 살아 있었네

* 인도네시아 마카사르에 잠시 머물렀던 때가 있었다. 일 년 내내 여름인 나라 우리의 과거가 그대로 그곳에 살아 있었다. 사계절이 있는 대한민국보다 행복지수가 월등히 높은 곳이다.

빈 집

빛바랜 종이 위에 시간이 거미줄에 그네를 타고 추억의 태양이 맑게 움직였다 침 발라 눌러쓴 하루가 눈을 비비며 할아버지가 5일장에서 사 온 하얀 고무신을 가슴에 품고 자던 이야기

아궁이에서 활활 타오르던 불꽃을 두드리며 시집살이 눈물을 말리시던 어머니의 한숨소리가 빛을 잃고 또박또박 누워있었다.

하얀 연기 피어오른 해름참엔 꼬불꼬불 칸을 채운 가족들의 웃음소리가 그대로 들려왔다.

처마에 매달린 고드름과자 화석처럼 꼼짝을 못 해도 추억의 시간은 거미줄을 걷어내고

미처 채우지 못한 이야기

하루를 꼴딱 넘기고도 숙제를 다하지 못하면 그날은 밥 먹고 잠자고 놀았다 날씨까지 바꿔져도 "참 잘했어요" 도장은 꽝! 손글씨보다 환하게 웃고 있다

먼지를 탈탈 털어 잡히는 대로 열어보니 숙제가 끝난 6학년 졸업과 함께 시간은 잡초에 갇혀 있다

장롱

장롱 벽이 열리는 소리에
째깍거리던 시계 눈을 비비고
미라 될 뻔한 바지가 줄을 서서
거수경례를 한다

위 칸에 잠들어 있는
검은 양복엔 눈물이
감색 양복엔 박수소리 듬뿍
둘이 하나 된 축배가 묻혀 있는 옷

주머니마다 살 빠진 시간 가득
주인의 명령만 기다리며
침묵의 방을 지키는 복제된 껍데기
옷걸이에 젖은 몸을 말린다

배불뚝 나이를 탓하는 주인
벽장 이곳저곳 기웃기웃
꿈에 부푼 여행에 동행할 껍데기
먼지를 털며 면접을 한다

집으로 가는 길

산과 산의 경계선을 뛰어 넘나드는 산노루 눈망울마다 달콤한 강물이 흐르고
주린 배 요란한 천둥번개 치는 소리에 놀라 집을 찾는 밤

아스팔트 위에 미끄러지듯 달려오는
불덩어리에 넋을 잃고 멈춰버린 어미 노루의 비명소리에 서럽게 비가 내려
하늘이 울고 땅이 울고 잃어버린 숲을 찾아 어둠 속을 더듬더듬 눈물로 걷는다

두고 온 연초록 고운 봄 집을 향하여 가는 검은 도로 위에 붉은 동백 우수수
어미 잃은 새끼노루 가슴에 품어본다.

시인으로 부활하신 당신에게

잠든 나무에서
부활의 소리 요란한 사월
꽃보다 더 고운 얼굴 내미는 가지마다
부푼 가슴 설렘으로
두근두근 흔들리는 소리

움트는 함성에 놀라
바람이 멈추고
꽃들의 유혹에 넋을 잃어버린 그날
영혼과 육신은 하나 되어
가슴속에 묻힌 헝클어진 실타래
술술 풀리는 날

온유한 사랑으로 무지개 쫓는
맑은 영혼으로 태어나
날마다 새롭게 새롭게
벅찬 가슴 숨기고
살아 숨 쉬는 모든 생명의
상처를 치유해 주시는 당신의 부활

꽃들이 놀라 고개를 숙이고
바람 뒤에 숨은 나무가
옷을 갈아입는 날

벽 속에 숨어있던 시계 소리에
찢어진 가슴 한 땀 한 땀 꿰매어 살리는 날

보리밟기

서릿발 하얀 들판에 보리를 밟으며
손에 손을 잡고 바삭바삭 장단에 맞춰 누런 코 훌쩍훌쩍
소매 끝이 번들번들했던 그 시절

고드름 과자로 허기를 채우고
고무신 한 짝 엿 바꿔 먹던 찬 겨울
언 땅 들고 있던 보리 싹은 뜨거운 홍어탕에 몸을 던져 아버지의 술국이 되고

흙이 싫어 알몸으로 멍석에 뒹구는 보리는 햇살을 피하느라
하늘을 향해 소리 없는 함성의 뿌리를 뻗어 달달한 누룩꽃을 피웠다

청보리 너울대는 꿈속에 기다리던 봄날은 오지 않고
뿌리를 들고 하얀 서리 새벽을 재촉하며 서성이는 보리밭
마지막 몸부림치는 쌩쌩 찬바람만 얼굴을 때린다

달빛 눈물

꽃은 피고 지고
흔들리는 바람 따라 훨훨
멈춰버린 봄날 구름 두둥실
시간을 삼켜버린 어둠의 장막

안부가 다 끝나기도 전
꽃 따라 바람 따라가시다니
눈물 앞서 놀란 심장
아프게 떠난 꽃잎의 위로를 받는다

흰 눈처럼 쏟아지는 사월의 봄
달그림자에 가려진 슬픔 울고 또 울어
누구를 위한 눈물이런가
말없이 떠나버린 그날
꿈도 사랑도 깨져버린 술잔의 파편에
일그러진 영혼의 그림자

하얀 국화 송이송이 목놓아 우는 밤
내가 먼저 가야 한다는 노모의 굽은 허리에
꽃잎이 내려앉는다.

여보게 친구

한 달에 한 번 만나도
십 년이면 백 번 정도뿐이야
내일을 장담할 수 없는 나이
오늘 당장 전화 연락이라도 하세나

이제는 하루하루를 돈을 주고 사서라도
보람되고 소중하게 살아야 하네
방황은 어리석은 자에게 던져버리고
꽃망울 웃어주는 꽃구경 가세

새소리 물소리 바람 소리
살아 숨 쉬는 곳으로 달려가세
오늘이 행복하면 그것이 지혜로운 삶이야
어두운 생각 훌훌 털고 밝은 생각으로
마음의 등불을 밝히세나

걱정과 절망은 죽은 자의 몫이라네
오늘은 좋은 날 외치며 힘차게 달려보세
내 탓이요 내 탓이요 배려하는 마음
작은 일에도 감사와 사랑하는 마음으로
나잇값을 하세나.

봄이 왔건만

언 손 꼭 잡고
마른 눈물 삼키며
꽃 피고 새가 울면
봄 마중하자던 약속
어이해 덧없이 흘러만 가는데

가로등 불빛마저
눈보라에 가려
어둠에 떨던 겨울도 지났다오
땅을 들고 일어서는
풀잎의 함성이 들리지 않나요

안개비 흠뻑 젖은 매화
요염한 몸매 감추고
하얀 목련 가슴을 열어 햇살 채우는
꽃잔치 요란한 소리 들리지 않나요

이렇게 꽃비는 몇 번이나 올까요
청춘의 봄은 총총 떠나고
주름진 수양버들 그늘 아래
잠시 쉬어가야겠소.

꽃바람

봄소식 기다리다 지친 까치
애꿎은 꽃망울 찍는 소리
잠에서 깨어난 개구리
입을 찢으며 하품을 하네

살랑살랑 봄바람
매화 방긋 얼굴 내밀어
내 마음 깊은 곳에
웃음꽃 활짝 피어나게 하더니

성급한 봄소식 카톡 카톡
연분홍 진달래 머리에 꽂은
꽃바람 처녀 가슴만 콩닥콩닥

목련 먼저 던져버린 속살
벌거벗은 벚나무 은하수 뒤집어쓰고
개나리 별 가득 담을 쌓아
바람난 봄처녀 옷고름 스르륵.

언제나 봄날

꽃들의 유혹에 빠지고 싶어라
봄 향기 그윽한 매화는
나비의 유혹에 옷을 벗어던지고

봄처녀 두견화 입에 물고
떨어진 목련 위에 누워
짝 잃은 별을 찾고

봄비에 젖은 벚나무
은하수 쉬어가는 길목마다
꽃 가슴 열어버린 혼미한
봄날의 정사

벌 나비 목숨 바친 4월의 대사
동백이 뚝뚝 땅을 때리고
목련꽃 우수수
환희에 잠든 꽃 이불 덮고 싶어라

어느 봄날

땅을 들고 일어나는 새싹의
경이로움을 발견 했다면
당신은 마음에 평화가 함께 하기 때문입니다

꽃잎이 떨어지는 모습에 마음이
움직였다면 설렘 가득 찬 당신의
심장이 뛰고 있기 때문입니다

봄 안개 지나가는 풀잎 위에
이슬을 바라보며 조심조심
속삭이고 싶었다면 당신의 영혼이 맑다는 것입니다

마음의 크기는 바다보다 크기에
살아 숨 쉬는 모두에게
고운 마음 착한 마음 심어주고
싶다면 당신은 사랑을 실천하고
있는 것입니다

나비의 작은 날갯짓에도
아기 새의 작은 울부짖음에도
거미줄에 갇혀버린 풀벌레의
몸부림에도 당신이 함께 했다면
당신은 천사의 마음입니다.

아침이슬

풀잎에 맺힌
바람 먼저
달려온 그리움

달빛 한줌 움켜쥐고
소리 없는 함성에 흔들리다
눈물 되어 봄을 적신다

땅을 뚫다 지친
풀잎을 위로하던 햇살
흙먼지에 외면당한 사월

바람 한 점 구름 한 점 방황을 마친
풀잎은 고개를 숙여
다정한 봄날의 안부를 묻는다

목련꽃 하얀 봄

언 꽃망울을 움켜쥐고
속삭이던 하얀 겨울
숨겨진 속살의 신비를
햇살에게 넘겨준 그날

옷고름 풀어헤친 꽃 가슴
두근거리는 소리에
꽃 몰래 달빛을 품는다

소리 없는 봄바람의 유혹에
떨리는 마음 들켜버린 하얀 몸부림
애무하던 달빛이 남기고 간
아침이슬 한 모금 가슴을 식혀

벌 나비 기다리다
검게 타버린 속마음
꽃잎의 아우성이 바람 끝에 숨어
한 가닥 실오라기까지 던져버린 봄

봄비 내리면

실버들 바람에 일렁일렁
그네 탄 봄비의 소리 없는 함성
땅속에 잠자던 싹들이 깨어나

마른 풀잎의 허리가 펴지고
눈먼 방황으로 떠돌던 흙먼지
빗줄기를 붙들고 있는 봄

입술 부르튼 복사꽃 가지마다
바람난 봄처녀의 향기가 주렁주렁
비에 젖은 꽃바구니 머리에 이고

꽃구경 가자던 님은 기별이 없고
옷 벗은 목련꽃
주섬주섬 바구니에 담아
애꿎은 봄비를 훔쳐 눈물을 감추네

등산

산 그림자 따라가면
시간이 보인다
멀리서 바라보면
봄여름 가을 겨울이 보이고.

산 뿌리에 가까이 가면
느티나무 등에 불알시계 바쁘고
숲 위에 열두 장 달력이 펄럭펄럭
쉬어가는 바람과 시간을 홍정한다

발길 따라오는 그림자
콧노래 흥얼흥얼 시간을 짊어지고
오르락내리락 고단한 시간의 짐
숲속의 새와 나무들이 품어주고

봄 산엔 볼 것이 많아 오르고
가을 산엔 갈 곳이 많아 오르고
발자국 뒤에 싹이 오르고
꽃이 피고 지는 시간이 보인다

김/정/자

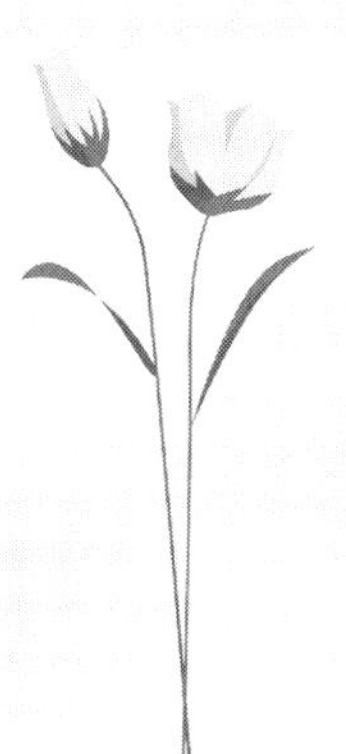

전남대 영어영문학과 졸업
前 고등학교 영어 교사

2021년 ≪세계문학예술≫ 시 부문 등단

첫사랑

첫사랑은

봄날 막 뾰족이 솟아나는
작고 연하디 연한 새 순 위를
천둥치며 휩쓸고 지나가는

황홀한 소나기이다
아찔한 어지러움이다

첫사랑은

떠나는 기적소리에 숨어 우는 눈물이다
보내온 엽서에 사르르 떨리는 손목이다

부끄러워 입 안에 갇힌 언어
두근거림에 마냥 흔들리는 자아

이제는 세월에 삭아 스러지어
추억의 액자 속에 고이고이 박제된
아스라한 이름이여
아름다운 이름이여

아아, 첫사랑

줄타기

남사당 줄타기꾼 어름사니
허공에 매달린 팽팽한 외줄 위
잰 걸음으로 걷고 달리고 공중회전까지

보는 우리 가슴 얼음으로 굳고
사람 맞아?

내게 태어나겠냐고 묻지도 않고 태어난
우리 인생살이
애간장 졸이는 줄타기

기약 없는 외줄 위에서
위로 통통 튀어 오르기도
아래로 털썩 내려앉기도 하며

알 수 없는 손길의 북소리 추임새에 맞춰
오늘도 숨죽인 채
현란한 춤
간절히 추고 있는 중

장마에게

뭐가 그리 서러워 그토록 많이 우니
뭐가 그리 아파서 그토록 오래 우니

네 설움에 네 아픔에
나까지 가슴 무겁고 마음 아리어오는구나

그래 시원스레 울어라
가슴 다 풀릴 때까지 실컷 울어라
천둥치며 큰 소리로 울어라

나도 손수건 꺼내어
내 눈물 닦을 터이니

손수건 다시 곱게 접어
네 눈물도 닦아줄 터이니

이 한 세상 건너면서
울지 않고 다녀간 생명이 어디 있으랴

웃네

물질 풍요의 시대
사람의 모습 모두
가난이 없고 화사하네

만나면서 환하게 웃네
힘 있게 악수하네
가슴 속 눈물 감추고서 웃네

다 키운 아들 날린 슬픔
60도 못된 아내 보낸 슬픔
노환의 가난한 부모 가신 슬픔
형제 자매 일찍 잃은 슬픔

어느 날 막걸리 파전에
가슴의 보따리 서로 풀어 헤치니
눈물이 서 말

소맷자락에 눈물 콧물
남모르게 재빨리 닦아 감추고서
오늘도 여전히
사람 앞에서는 웃네
마냥 따뜻하게 웃네

우리 누우면

우는소리 하지 마요
앓는 소리 삼켜요
너만 아픈 게 아니야
생명은 다 아파

일용할 양식 버거워
못 이룬 사랑 가슴 아려
병든 육체에 비굴해져
정든 사랑들 두고 죽어가기 서러워

인생은
어차피 아름다운 공허

언젠가 우리
관에 고요히 누우면
아픔도 속절없이 우리 곁에 따라 누우리
불평 한 잎 감히 못하고 순장되리

두 번 다시 우리를 못 찌르리

우리
눈 감은 채로
고소하게 웃으리

어머니의 달음질

이 세상 자식들 어쩐지 철 늦게야 들고
이 세상 어머니들 성질 참 급하시어

자식들 겨우 철들어
어머니가 기뻐하실
이러저러한 것들 손에 쥐고
그동안의 불효 좀 만회해보려고
서둘러 달려가는데

성질 급한 어머니 달음질도 빠르셔라
우리 기다려주지 않고
이미 무덤에 도착
누워 눈 딱 감고 모른 체 하고 계시네

자식들
엄마 엄마 부르며
하루 종일 무덤 주변 맴돌다

해질 무렵
슬픈 그 무덤
눈물로 무겁게 터벅터벅
가슴에 고이 담아오네

아들의 이상형

아들아
아내로서의 네 이상형 여인상을 말해보거라

움직임 가만가만 하고
웃는 모습 화사하며
성품 그윽하고
눈빛 맑은 고운 자태로
작은 것에도 흐뭇해하는
품위와 도량 높고 깊은 여인입니다 어머니

아들아
차라리 이 모든 것
그림으로 그려
훅 생명 불어 넣어 함께 살거라

네 자신은
여인들이 좋아할
그 모든 것 다 갖추었느냐?

수능

청춘의 통과 의례
수능

아름다운 청소년 시절 옥죄는
고독과 고통의 치열한 싸움

허나 제일 순수한 싸움
내가 힘을 쏟은 만큼
열매 보따리 그대로 맺어 내어주는

사람마다
다른 시험지가 나오는
인생이라는 뼈아픈 시험보다는
훠얼씬 쉬운

수능을 웃어넘기자
성적표의 숫자와 인생 행복
서로 모르는 사이란다

수능을 탈출하자
깔깔깔 웃자
뱀처럼 스르르

성장

결핍과 불안
옆에 끼고 다녀야 하는
낯선 여행길

머나먼 추운 나라 산길 눈보라 속 한 여행가
길에서 만난 원주민의 자기 집 초대로 함께 가던 중
원주민의 차바퀴 그만 폭설 계곡에 빠져버렸다

가슴 졸이고 있는 여행가에게
그 원주민 씨익 웃으며 하는 말

내리십시오 차는
봄이 오고 눈이 녹으면 그 때 찾으러 오면 돼요

평생을 두고 터득 못할
여유의 방식

머나먼 미지의 세상 떠돌다
귀한 스승에게서
귀히 배운
그날의 성장

감사로

가슴에
귀히 담았어라

우리 모두귀한 스승에게서
귀한 여유
귀히 배웠습니다
귀히 성장했습니다
은혜입니다

석양

둥근 해
잠자러 산 너머로 내려가네
곱디고운 노을 이불 펼치더니
은은한 미소로 숨어 눕네

우리도 하루의 고단함 눕히고
저마다의 고운 잠자리에 들세
하늘의 아리따운 선물로
꿈속에서 그리운 님 조우하게 될지

어쩌면 내 님도
한번쯤은 나 그리워하며 잠들 것이네
꿈속에서 우리 만난 적은 아직 없네
그래서 가끔 난 훌쩍이며 잠든다네

반란이다

침묵은 금이다
너와 나 사이 평화 지키려
정녕 하고 싶은 말
비굴하게 입 안에 갇아두다

끓는 가슴
발효돼가는 속
곰팡이 스는 속

휑하니 더욱 커져
돌아오는 상처

나 이젠 나를 더 잘 돌보기 위해
화난 속 다 꺼내어 발설해 날리고
가벼워지련다
자유로워지련다

침묵이 금이 아닐 때도 있다

반란이다

산다는 것은

산다는 것은
내 이름 없어지는 날 향해
힘들게 내딛는
거칠고 가파른 언덕길

하늘을 찌르는 명예도
눌려죽을 만큼의 돈도
숨 막히는 미모도
석학들이 혀를 내두를 학식도
다 헛기침이다

두 글자
행복이라는 두 글자를
이루지 못했다면

여름을 죽이고 가을이 오는 것처럼
내 이름을 지우고
새 세대가 올 것이다

긴 기다림 끝
짧은 생애의 매미 울음소리
生 다해 잦아들면

초저녁 귀뚜라미 구슬피
자기 시대를 울 것이다

빨간 신호등 앞에서

빨간 신호등
제게 잠시 서라합니다
순종의 두 발
그윽하게 멈춰섭니다

신호등이 베푸신 멈춤의 시간에
내가 오늘을 잘 살고 있는지 생각하게 됩니다
굽이굽이 인생길도 잘 살아냈는지 생각해봅니다

솟구치는 화도 잠시 멈춤 후엔
돌아서서 슬며시 웃어주던데요

마냥 내달리기만 하던 삶에서 잠깐 멈춰 서서
이웃도 돌아보고 내 허물도 다듬고
산천초목과 눈맞춤도 하니 지혜입니다

귀한 질서로 명상을 선물해주신 빨간 신호등이시여
감사의 가슴으로
오늘도 당신 앞에서 반듯하게 잘 멈춰 서겠습니다
주신 멈춤의 시간에 깊이 사유하겠습니다

초록빛 방싯 미소에게

우리 미래를 기쁨으로 내어주시는

넉넉하고 고마운 당신이시여

면죄부

사랑 앞에서
맹세
행여 하지 마라

너도 나도
사랑은 움직이는 거야
보트를 타고

이리 흔들리고 저리 흔들리는
변덕쟁이 구름
거짓말쟁이 바람

차라리
사랑 앞에서
사랑할 때까지만 사랑하겠노라고 하여라
사랑의 면죄부를 예비해 놓거라

때가 되면 신발 끈 가벼이 묶고
기쁜 걸음으로 도망갈 수 있게

나 갈릴레오처럼 돌아서서 하는 말

그래도

고백 못한 첫사랑은
오늘도 슬퍼요
이 그리움 영원히
목마름으로 빛날 거예요

당신과 사랑 사이

당신이 보고 싶네요
잠 못 이루며 보고 싶네요
덧니가 유난히 귀여웠던 당신

당신은
어찌 그리 아름다운지요

보일 듯 보일 듯 보이지 않는 당신
너무 먼 아스라한 당신

내게 오고 싶은 마음을
가슴 속 포토라인에서 멈춰서야 하는 당신
슬픈 당신

당신이 그리울 땐
짙은 침묵의 방에 갇혀
끝없이 가라앉습니다

꿈결 같은 사랑
보석 같은 사랑
고백도 못한 벙어리 사랑

우리 두 바보

꿈속에서나 겨우 만나
말없이 서로의 눈동자를
바라보며 있게요

잊어야할 사랑
그래도 못 잊을 사랑
어수룩했던 사랑
첫사랑

다람쥐가 되었다

여행을 떠났다
나를 잊으러

온갖 시름은 집에다 쇠사슬로 단단히 잘 묶어두고 왔다

솔향기 그윽한 숲 속에 누워 한들한들 마음 노닐며
신선같이 한가로이 지내보리라

낮잠 한 숨 맛있게 깨고 보니
묶어놓은 쇠사슬을 어찌 풀고들 왔는지
아들 딸 남편 음악 시 휴대폰 다 따라와
내 머릿속을 마구 걸어다니고 있었다

결국 달과 별에게 아는 체도 제대로 못하고
돌멩이같이 자잘한 삶 주섬주섬 싸서
뒤꿈치에 주렁주렁 달린 빈 깡통 끄는 소리를 내며 돌아왔다
다람쥐가 되었다

다 비워 내려놓는 일
서럽게 덮쳐오는 질긴 그물망
개운하게 찢고 탈출하는 일
야무지게 실패했다

다 비워 넉넉해진 품에
새로운 희망과 용서
꽈악 껴안아 데려오고 싶었건만

단풍놀이

울긋불긋 화려한 단풍의 자태
산세와 어우러져
황홀해 어지러운데

내 가슴 모퉁이에서 누군가가 울고있네
내 인생의 가을
저만치서 울고 있네

한 번도 울긋불긋 화려해보지 못해
서럽기만 하다고
단풍 네가 부럽다고

가슴 쓸며
내리는 낙엽 가만가만 밟으며
나의 오늘로 돌아오는 길

마음 속 깊은 단풍계곡을
아프게 되돌아보며
겨우겨우 건너왔다네

노을

해는 하루에 두 번 무척 아름답다
아침에 떠오르는 해
석양에 지는 노을

떠오르는 아침 해 못지않게
노을이 저토록 아름다운 것은

바다로
산등성이 너머로
살포시 은은하게

때론 화려하게 가라앉아
마침내 별들의 꿈속에서
향기롭게 잠들기 때문이야

인생의 황혼도

관조의 옷자락 사뿐사뿐 끌며
고결한 숨결 잔잔히 호흡하며
여유와 너그러움으로
게으른 시간 아름답게 수놓는

황홀한
노을인 것을

감히 바라옵기는

살 날이
산 날보다 훨씬 적어진 70 앞에서

지금도 난
날마다 날마다 예뻐지고 싶어요

그러다 감히 바라옵기는

언젠가 마침내 나 숨을 마치고 누워있을 때
사람들이 와 모여 두런두런 속삭이는 말

아무개는 예뻤는데
마음씨가
차암
예뻤는데…

4월 당신이시여

4월은 내게

새벽이슬처럼 맑고
첫사랑처럼 순결하고
깊은 산 속 옹달샘처럼 그윽한

1년에 딱 한 번만 뵈옵는
가슴 두근거리는
애틋한 사랑

4월 당신이시여
조금만 더 머물다 가시어요
늙어갈수록 철없이
당신의 강에 빠져드네요

너무 짧아 목놓아 서러운 당신과의 사랑
아쉬워 가슴 애잔히 타오니
향기로운 당신이시여
저와 눈 더 맞추다 가소서
저와 더 거닐다 가소서

이 설레는 가슴 가두어 두기엔
내년이란 기약
내겐 너무도 슬프게 아득하네요

김/화/연

아호는 아해
서울특별시 출생
서울특별시 거주
한국외국어대학교 신문방송학과 졸업
성신여자대학교 유아교육과 졸업
1993 유치원 2급 정교사 자격증 취득
2000 공인중개사 자격증 취득
2022 '세계문학예술' 시 부문 등단

들꽃

들꽃은 언제나 그 자리에 피고
들꽃의 흔들림을 아는 이 없으나
흔들리면서도 곧게 서는 들꽃처럼

세상에 비바람 불던 날
소나무도 소리 내어 울고
꽃마저 흩날려 허공을 가르니
하늘과 땅 사이의 공기도
눈물을 멈추지 않는 날
길 끝자락에서 흔들리며 피는 꽃

바람의 분노도
공기의 저항도
소나무의 울음도
꽃들의 피눈물도
죽을 힘으로 숨을 쉬며
들꽃은 온 몸으로 받는다

지켜야 하는 삶이 있고
품어야 하는 가치가 있기에
젖 먹던 힘으로 비바람을 뚫고
온몸으로 태풍을 흡수한다

저 넓은 벌판을 향하여
긴 세월 기다려 온 자유를 위하여

비와 함께 보내는 연서

밤새 뒤척인 애달픈 마음 달래기 위해
오늘은 검은 옷을 입으려합니다
어제 내린 비에 상처날까 두려운 맘 위로 받고
오늘 내리는 비에
숨겨왔던 두려움을 던집니다

사랑은 쉬운 일이 아님을 알고 있고
겁이 나고 두려운 마음 앞서
사랑에게 곁을 내 주지 못한 일도
밤새워 지새워보니 잘한 일입니다

만사를 제쳐두고 온 신경 한 곳으로 몰리니
다시 한 번 옷매무새를 고쳐 단정히 하려 합니다
그릇이 작아 사랑을 담기 힘듦을 배우고
한때의 아픔과 아림을 빗속으로 내려놓습니다

어제 내린 비가 오늘로 이어지고
지금 비는 오는데
애태웠던 사랑은 빗속으로 흘러갔나 봅니다
빗소리는 점점 굵어지고 흔들리는 마음도 질세라
빗소리 넘어 저 멀리 님 계신 곳까지 비에 실어보냅니다

아픔은 여기까지

되돌아 온 삶은 그저 재미없고 밋밋하게 살렵니다
천신만고 끝에
폭풍우 뚫고 살아낸 힘겨운 삶을
의미 없이 던져버리기엔 길이 아님을 압니다

내 고통 아는지 모르는지 창밖의 빗님은
가을을 지나 겨울로 가는 기차를 타려나 봅니다
겨울로 가려 재촉하는 지금도 님은 소식도 없고
상처 난 내 마음만 허공에 뜬 채로 갈길 몰라 합니다
오늘 비는 하루 종일 쉼 없이 내릴 것이고
시끄러운 가슴을 하루 종일
비에 씻겨 보내야 할 것 같습니다

우렁각시

알라딘 요술램프의 요정 지니처럼

나의 부엌에도 우렁신랑 있었으면
우렁이 넣고 된장찌개 끓여놓고
살짝 사라졌다가

다음날 밤에
알라딘 요술램프 요정 지니처럼 나타나
무얼 해줄까 고민하는 사랑꾼

나만의 요정
아… 그리워라
우렁 신랑이여

....

우렁각시의 대시

– 답시

최 영 문

이 밤에도
누군가 부엌에선
우렁각시가 요리 중일까?

〈

나의 밤엔
새벽 배송 기사가 올 텐데
흑기사도 아닌데 흑기사처럼

내일 아침은
우렁각시 12첩 반상 아닌
택배기사 삼천삼백 원 샐러드요

삶의 터널

사는 게 힘들고 지쳐
일이 얽히고 풀리지 않아
끝이 보이지 않는 터널 같아

말을 안 해서 그렇지
보이는 게 다가 아니야
다들 그저 그렇게 살아

그리고
터널엔 끝이 있지
길고 짧을 뿐이야

아날로그의 그리움

나의 시가 하늘로 솟았는지 땅으로 꺼졌는지
순식간에 증발한 날
애인이 떠난 듯
내게는 아득하여라

마치 산천초목이 들고 일어나
어둠의 세계로 사라진 듯
그저 멍하니 빈 하늘만 바라볼 뿐

아…
그리운 아날로그여

시와 당신

마치 신들린 것처럼
시가 써질 때

시에는 치명적인 매력이 있고
사랑도 치명적인 힘이 있음을

가슴에 맴도는 시상에
소풍 가는 아이처럼 설레어
잠 못 드는 밤

당신 만나
온 세상이 내 것 같을 때
행복이 곁에 있음을 알게 되듯이

시는
천국의 문을 여는 열쇠가 되어
잠들어 있던 영혼을 깨우듯

나에게
당신이 바로 그런 존재입니다

그리움의 속도

네 그리움에 닿을 수 있게
빨갛게 빨갛게 애타는 네 마음만큼의 속도로
아니 그보다 빠른 lte급 속도로
아니 아니 빛보다 빠르게
그리고
투명하게

보이니 내 얼굴?

시와 나

나에게
시는
어느 날
운명처럼 다가와
인연이 되고
시절 인연이 맞아
숙명으로…

그래서

가야 되고
갈 수 밖에 없는 길이다
누가 뭐라 하든
성공에 상관없이
언어의 나그네로서
운명의 등짐을 지고
홀로 가고 있다

저 멀리
나를 향해 손짓하고 있는
북극성을 만나기 위해

커피 사랑

언제부터인가
내 눈을 끌고 나를 향기롭게 자극하는
커피 너를 사랑하게 되었지

입속으로 번지는 너의 맛은 매력적인 여인의 몸짓 같고
너를 둘러싼 향기는
나를 아찔하고도 포근히 감싸주는
알듯 모를 듯한 여인의 마음 같아서
애가 닳는다

너를 마주할수록
묘한 매력에 정신이 혼미하고
꿀잠 같은 깊은 기억의 강으로 끌려들어간다

매혹적인 나의 여인아
내 살아 있는 동안 너를 곁에 두리니
내 싫다 멀리 갈 생각일랑 접어두고
영원히 내 곁에서 나를 포근한 솜털처럼 감싸주게나
나의 향기로운 여인이여

아름다운 밤이에요

나에게 허락된 시간이 얼마일까?
어느 여배우가 시상식에서
"아름다운 밤이에요"라고 수상 소감을 말했다

어느 여배우처럼
나머지 삶은 아름답게 살고 싶다
아름다움을 아름답다고 느낄 수 있고
많은 사람들 앞에서 당당하게
"아름다운 밤이에요"처럼
"아름다운 삶이에요"라고 말하고 싶다

지금 웃는다고
삶이 웃는 것은 아니다
허락된 시간이 다 하는 날이 오면

"아름다운 밤이에요
그리고
아름다운 삶이었어요
그래서
나는 이제서야 웃을 수 있어요"라고
말하고 싶다

아침에 눈 떴을 때

아침햇살 받으며 눈 떴을 때
처음으로 눈 맞춤하는 사람이
커피의 따스함을 나누고 싶은 그런 사람이었으면

외로운 밤 지친 영혼을 풀어 놓을 때
모자란 사랑 엄마처럼 품어주고
애인처럼 안아 주고 싶은 사람이었으면

아침에 눈 떴을 때
따스한 한잔의 커피를 나눌 사람이
나란히 앉아 같은 곳을 바라 보는
노을처럼 가슴이 향기로운 사람이었으면

아침에
그런 사람과 눈을 떴으면 해

부질없소

심란한 마음의 혼돈
놓지 못하고
울어도 울어도
소용없어

놓지 못하는 사랑도
갖지 못한 돈도
명예도
사랑도
소용없어
부질없어

놓으면 그만이고
버리면 편한 것을
놓지 못해 괴롭고
버리지 못해 아픈 것을

갖으려 애쓰지 말아라
잡으려 부대끼지 말어라
다 두고 갈 것들이니
온전히 내 것은 없음을

부질없다

부질 없소
내 욕심
내 것이라고 갖은 것들…

텔레파시를 보내구려

아프지 말라 했건만
다시 아팠구려
어디인지 알아야 갈 텐데…
텔레파시라도 보내지 그랬소

소식이 없어서
혹시나 했는데
역시나 아팠었나보오

몸 관리 잘해서
천 년 만 년 살자했더니…
걱정되고
또 걱정되니
텔레파시를 보내구려

이 나이되면
지병은 그림자라오
부디 부디
아프지 마시게나

무릉도원

꿈인 듯 생시인 듯
지상낙원인 이곳에
도화꽃 만발하고
벌 나비 춤을 추는데
그리움은 하나이어라

막걸리 행복

살아가면서
행복은 소소한 것에서 오는 것을
바람이 크면
성취도 크나 실망도 클 수 있으니
이제서야
소확행이 내게 맞는 옷인 것임을

시와 운동과 막걸리 한잔에
쌓인 젖산을 녹아내리고
막걸리에 헛헛한 가슴도 살짝 녹아내려
정신줄 놓아도 좋으리
잠시

지나 온 시절 안주삼아
삶이 녹아내린 막걸리
애달픈 인생살이
한잔 술에 훨훨 날려 보내고

애간장 녹이는 애인을 담아서 한잔
절여진 시름을 녹여서 한잔
온갖 상심 꾹꾹 눌러 담아서
한잔 술에 탈탈 털어버리고

고단한 인생길 은신처로
엄마 품처럼 보듬어주는 변검 같은 막걸리
너와 함께 하는 이 순간이 좋아

* 신인문학상 시 부문 입선작

동백꽃 지다

사랑하고 사랑해서
시린 아픔에
붉게 애가 타는 동백꽃

기다리다 기다림에 지쳐
야윈 동백아가씨
사랑하기에 놓을 수밖에 없는
순정의 동백꽃이여

사랑 때문에
넋을 잃고
'툭' 떨어지는 꽃잎
기다림에 멍들은 순정은
돌아오지 못하네

길고 긴밤
눈물로 지새우며
기다림에 지쳐 잠든
동백꽃의 순정에
붉은 피를 돌게 해주오

겨울나무

겨울나무의
벌거벗은 모습이
나처럼

혹한의 추위에도
꿋꿋하게
나신을 드러낸
너처럼

산책길에서 만난
설레는 나목을
나인 듯
너인 듯
보듬어 안고픈 마음

오늘 문득 네가 보고프다

슬픈 꽃

사랑하지만
사랑하는데
말 못하는 심정
그 누가 알까

너를 그리워하고
너만 그리운데
그립다 말 못하는 맘

너를 쌓고
사랑을 쌓아
그리움은 산처럼 쌓이고

너만은 행복하기를 빈다

향기 나는 사람이 좋아

향기 나는 사람이 좋아
어느 누구와 있어도
어느 곳을 가더라도
설레이는 목련 같은 사람이었으면
엄마 젖 냄새처럼 포근한 사람이었으면

한겨울 찬바람에도 고개 숙이지 않는
지조 있는 매화 향처럼
멀리까지 향기롭게 번지는 곧은 향기가 나는

보는 것으로 향기롭고
영혼까지 향기로운 사람이고 싶다

나는
홀로 있어도 향기롭고
누군가의 향기로운 사람이고 싶다

이별과 사랑의 환승역

사랑에 빠질까 봐 겁이나
아직은 이별 진행 중이거든
사랑에도 격이 있고
이별에도 매너가 있지
번개 같은 사랑이 왔대도 잠수역에 쉬었다 갈 거야
잠시 아주 잠…시
깨끗한 이별 될 때까지

사랑에 빠질까 봐 겁이나
아직은…
밋밋하고 재미없게 그럭저럭 살 거야
사랑한 만큼만

사랑하면
사랑하고 싶다면
조금만 아주 조금만 기다려
사랑역으로 환승할 때까지
지옥 같은 이별역이 그리움역 될 때까지

누군가는 고독과 그리움의 환승역에 있을 때
누군가는 사랑과 이별의 환승역에 있다

달빛 소나타

달빛이 내 안에 들어오면
두 팔 벌려 그 품에 안겨요
달빛의 소리 없는 애무를 받으며
나만의 춤을 추어요
달빛이 내게 부서져오면
그 빛에 정신을 놓아요

수면 위를 내달리는 달빛처럼
베토벤의 혼을 빌어
건반 위를 내달리는 달빛 소나타

그리움 감싸 안은 남자의 울지 못하는 눈물
그 눈물 참아 삼켜 토해도 사그라지지 않는
남자의 고독
달빛 소나타되어 달이 있던 빈 하늘에 울려 퍼져요

덧없는 사랑도 야망도
달빛 속에 던져버리고
그리움 달빛 속에 가둔 채
운명을 거스르지 못하는 오이디푸스의 절규처럼
모든 것 운명에 맡긴 채 달빛 속으로 떠나요

매화의 사랑

너를 사랑했다
아직도 사랑은 희미한 촛불처럼 흔들리고
너를 그리는 나는
마지막 잎새처럼 흔들렸다
놓지 못하는 영혼으로
허공에서의 마지막 몸부림으로

너를 그리는
사랑했던 가슴이
한 세상
끝에서 끝으로 떨고 있다
너를 지나려
눈물 삼킨 날들만 땅속으로 묻히고

겨울나무의
위태로운 곡예처럼
그리움을 매달고 흔들리는

나는
너를 지나
피안의 땅을 향해
여전히 꿈속에서 눈물짓는다

봄은, 그대는

봄이
올 듯 말 듯
밀당을 하는 중

그래도
한 발씩 한 발씩
다가오고 있어
수줍은 새색시처럼

봄은
그렇게 오고 있는데
그리운 그대는
어디쯤 오고 있을까

전생, 내생

우연히 길을 가다
사람들 속에서 낯익은 누군가와 스칠 때
문득 떠오르는 생각이 있다
두고 온 생이 있다는 것

사랑하는데
스며들지 못하는 사람이 됐을 때
문득 간절한 바람이 있다
내생이 있었으면 하는 것

구름 너머 저편에
문 밖에서 서성이며 나를 기다려 온 당신
문 밖에서 서성이며 나를 기다리는 또 다른 당신

햇살이 따뜻하게 내려올 때
차가운 바람이 귓볼을 스쳐 갈 때

이 생이 전부가 아니라
예전에 살던 집이 있다는 것을
다음 생에 살고 싶은 집이 있다는 것을

봄날에 눈발이 살짝 날리던 날
문득
그런 생각이 들 때가 있다

어느 미친 봄날

"햇살 좀 봐…
날씨가 미쳤다
햇살이 완전 미쳤어"

봄이 햇살을 물고 오는 게 보이니?
길게 꼬리를 내린 햇살 속으로 들어가는 거야
봄의 유혹이 가슴에 안기어 소곤대면
차라리 햇살에 스며드는 거지

미친 봄의 햇살을
너처럼, 사랑처럼 맞이해야지
이 봄 지나면
아쉬움에, 그리움에 망울질 테니까
햇살 맞으러 가자
미치게 눈부신 햇살 속으로

나는
지금 햇살과 사귀는 중이야

동백꽃 연정

그리움에 사무친 붉은 동백꽃
밤이 새도록
바람 사이로 울더이다

차가운 바람에
떨리는 하얀 동백의 손
그리움을 놓칠세라
울음 삼켜 버텨내고 있더이다

동박새도 찾아오지 않는 겨울 밤
바람은 꽃잎 사이를 가르고
그리움에 울다 지쳐
붉은 피로 물들여진 가슴
까만 밤을 하염없이 기다리던 날들

순간에
'뚝'하고 꽃잎 질 때
바람도 놀라 하염없이 울더이다

내 안의 나

나를 버리고
이카루스의 날개를 달고
하늘 끝까지 날아오르면
그곳에 숨겨진 슬픈 영혼이 있으려나

날고
또 날아올라
태양에 녹아내리면
나부대던 심장마저 녹아내려
산산이 부서져버린 영혼이
먼지 되어 우주의 품속으로 영면할 때까지

날고
또 날아올라라
태양의 바로 밑까지

달의 유혹

쏟아져 내리는 달빛에 홀려
떨리는 가슴 안고 달려가니
눈이 부시도록 농염한 달의 자태에 영혼은 녹아내리고
복사꽃 화사한 홍안에 눈 멀어
달빛에 몸을 맡겨 이 밤도 달빛샤워를 하네

달 밝은 밤이면 내 곁에 찾아와
품어 주는 섧게 아름다운 달
너를 만지고 싶어 떼도 쓰고
너무 그리워서 네게로 달려가면
살짝 비켜 저만큼 멀리서 미소만 짓는 너

샘솟는 달빛애무에
서러운 맘 한편으로 밀어두고
남 몰래 너를 그리는 것은
곁에 둘 수 없기에
더욱더 너와 함께 하고 싶은 마음인 것을
밤새 내 곁에서 요염한 꽃 한 송이로 나를 달래고
어슴푸레 날이 밝아오면
서둘러 고개 너머로 저물어가는 것을

사랑하지만 만질 수 없고
밤새 머물렀다 빛과 함께 사라지는

너무 멀리 있는 당신

너무 그리워서
따뜻한 가슴으로 너를 안을 수 있는 날까지
당신 옆에 붙어 있는 별 하나가 되리라

마리오네트의 사랑

살아오는 동안
당신을 만난 적도 본 적도 없지만
가슴 찡한 울림을 알아요
운명의 손에 이끌려
당신 곁으로 오게 되리란 것을

조종술사에 의해 춤을 추는 마리오네트 인형처럼
당신과 춤을 추고 있는 내가 보여요
강한 자석의 끌림 같은
신의 손에 이끌려
운명의 줄타기를 하는 나
거기에 당신이 있네요 오래된 연인처럼…

인연이
시절 인연을 만들어
만날 수밖에 없는 인연
거부할 수 없는 운명으로 가는
마리오네트 인형의 사랑

나를 춤추게 만든
운명의 줄을 끊어낼까요?
아니 아니 안돼요
줄은 끊어지고

스러져 일어날 수 없으니
우리 인연도 끊어지고
쓸모없는 인형으로 버려질 거예요

죽기를 각오한 게 아니라면
난 계속 춤을 출거예요
차라리
나를 춤추게 만드는 조종술사가 당신이었으면
힘들어도 기쁘게
사랑으로 춤을 출거예요

마리오네트는… 당신만을… 사랑하니까요

* 신인문학상 시 부문 당선작

천년의 사랑

이루어질 수 없는 사랑
그 아픔 아시나요?
천년을 목놓아 울어도 대답 없는 사랑
천년을 구비구비 헤매어도 흔적조차 없는 사랑
한도 미련도 없는 무심한 저 구름은
허공에 번지는 내 설움 알까?

이루어질 수 없는 사랑
그 아픔 아시나요?
천년을 빌고 빌어도 돌아오지 않는 사랑
구천을 떠도는 혼백이 된 그리움은
천년을 버텨온 내 슬픔 알까?

천년을 슬피 운 사랑
천년을 빌어 온 사랑
천년을 떨치지 못한 사랑
그 아픔 아신다면
천년을 뛰어넘을 사랑의 힘을 주소서

하늘이시여
한번이라도 단 한번이라도
님 곁에 닿을 수 있게 해주신다면
천년에 천년을 더해 목놓아 울어도 슬프지 않나이다

〈

뼈골이 부서지고 또 부서져
더는 부서질 흔적조차 없다 해도
천년을 뛰어넘을 사랑의 힘으로 버티겠으니
견우와 직녀가 칠월칠석일 오작교에서 만나듯
천년을 떠돈 내 사랑
천년 천월 천일에 만날 수 있는
천년교 허락해주신다면
떠돌다 내 곁에 그리움으로 안기게 하소서

천년을 버텨온 아린 사랑
천년을 헤매어도 흔적조차 없는 사랑
천년에 천년을 더 기다린다 해도
천상에 닿을 수 있는 날까지
천년에 천년을 더한 사랑 가슴에 안겠나이다
천년의 사랑으로…

선/경/님

아호는 꽃담
전북 남원 출생
경기도 안산 거주
군장대학교 유아교육학과 졸업
유치원 정교사 2급
보육 교사 2급
어린이집 원장 자격증
사회복지사 2급
아동심리 상담 2급
요양보호사 자격증
현) 자연누리 어린이집 원장

2020년 ≪세계문학예술≫ 시 부문 등단
2021년 ≪세계문학예술≫ 수필 부문 등단

수상

2022년 구암문학회 백일장 시인대회 은상
2022년 구암문학회 낭송경연 대상

공저

2020년 구암문학회 동인문집 『시향천리 인향만리』
2022년 세계문학예술잡지 ≪세계문학예술≫ 통권3~6호

능소화

소화야!
퍼붓는 장맛비에도 고운 자태 여전하구나
오늘도 그 장대비 온 몸으로 맞으며
꽃단장 아름다운 얼굴로 툭하고 낙화하는 넌
은혜 입은 그 님을 아직도 기다리나 보다

그 때의 궁궐은 아니지만
내 작은 집 오가는 길에
너를 심어 나도 너를 본다

너 만큼이야 애달픈 사랑은 아니겠지만
나도 한 때는 밤잠 설치는 날들이 어찌 없었을까!

소화야!
오늘도 기다리는 님은 오지 않을 테지만
우리 장대비에 흩어진 사랑이라도
한 잎 한 잎 모아 사랑으로 채워보자

혹시 또 아니 그 속에 사랑의 영혼이라도 들어와
우리를 지켜볼지!

가을 사랑

파란 수채화 물감은 높은 하늘과
내 마음까지 파랗게 파랗게 물들인다
앉은 자리에서 뒤를 돌아 쪽빛 하늘에
멍한 시선 멈추니 텅 빈 가슴에 와락 다가온 건
파란 하늘 아래의 가을들이었다

세상을 홀리는 가을 옷 곱게 차려 입느라 바빠 지쳤는지
따스한 햇살 나무 위에 형형색색으로 걸터앉아
아기잠을 자는 모습들이 사랑스럽다

가을에 취해버린 나의 시선은
강렬한 햇볕에 눈을 피하고
더운 햇살에 다홍 빛 치마를 갈아입는
홍시가 내 눈을 유혹하지만
나도 내 사랑 가을과 사랑하기 바빠
너만 바로 볼 수 없으니…
지금은 내 맘에 너를 담아 둘 곳 없구나

오늘의 푸른 날이 저물면
내일은 너를 사랑하는 벗들과 가슴 활짝
풀어헤치고 너의 가을을 한껏 안고 사랑하련다
내일도 오늘처럼 알록달록 고운 옷으로
치장하고 우리함께 만추를 즐기자꾸나

빙의

둥근 프라이팬에 울 엄마 미소가 핀다
노릇하게 익어가는 조기도 식욕을 돋구고
지아비보다 아들 새끼 먹이기에 급급하셨던
울 엄마가 나에게 빙의 되었다

수저 위에는 벌써 짭조름한 조기 살이
수북이 올려져 아들 입만 쳐다본다

"아니 그 참 싫다는데"
한마디 힘주어 내 뱉는 아버지의 말엔 가시가 돋힌다

어머나!
그러고 보니 내가 엄마랑 똑같은 행세를 하고 있다
빙의가 제대로 되었다

그 때 너무나 미웠던 울 엄마
지금 남편도 그런 내가 꼴 보기 싫었나 보다
자식 입에 넣어 줄 때마다 꽃이 피는 내 얼굴!
세상의 모든 엄마는 울 엄마랑 똑같다

꽃길로 가는 꿈

꿈을 이루고 꽃은 지는지
꽃이 지니 꿈이 영그는지

하늘 닿을 듯 꿈을 싣고
대롱대롱 영롱한 진주
주름진 얼굴엔 꽃이 피네

어제는 꿈을 꾸고
오늘은 꿈을 찾고
덜컹덜컹 꿈의 꽃길

그날이 그날처럼
오늘도 꿈을 캐고
꿈을 따라 꽃길을 걷는
우리네 부모님!

쉼

휙, 하고 지나는
고속 열차도 쉼이 있더라
어제와 오늘을 구분하라고
그 쉼도 있고
혈전을 벌이던
전쟁터에서도 쉼은 있던데
우리들의 여정엔 쉼이 있었던가

포기할 때 쉼이 아닌
진정한 여유의 쉼을!

새벽 소나기

꼭두새벽부터
가을과 겨울의 준결승전이 시작되었다
처마 끝에 퉁퉁 투두퉁 응원전이 요란하다
선두를 지켜온 화려한 가을
깊은 잠에 쉬어가다 웬 날벼락이냐
누구의 소나긴가
알 수 없는 기싸움에 누운 채 소리로만 가늠한다

가을은 가을대로 겨울은 겨울대로
치열한 울음과 쟁탈전으로 세상을 흔든다
아침은 누구의 편은 아니다
아직 결승전을 두고 볼 일이다
하얀 눈으로 뒤덮이는 날을

오늘은 가을을 응원해
너 가을을, 나는…

첫눈 내리던 날

철새처럼 훠훠 날아도
고향은 흔적도 없다
어쩌다 다시 찾은 고향
그냥 고향이라 생각하니
바둑이가 먼저 뛰어 나오고
안주인이 반긴다

첫눈이 내리는 날
허황된 꿈이라도
그 또한 망상일 뿐
더 슬프게 한다

더는 늦지 않으리
노을 젖은 고향을 찾아
엄니도 보이고
압지도 보이고
형제도 보이는데
달빛에 여울진
우물 속 동무
그림자마저 다 어디가고 안보일까

다시 심는 씨앗

세상에 있는 60갑자를 다 살아 봤으니
다시 얻은 삶은 어찌 살아볼까
세상은 나에게 덤을 주며 또 한 번 살라하는데

상록수를 찾아 상록수에 터를 잡고
그녀처럼 흉내내며 살다가 가정을 꾸리니
강릉댁으로 살아보고 싶었다

삐뚤빼뚤 살아오긴 했지만
그래도 그런 나를 지켜준 건
언제나 그들의 영혼이
나의 심지를 지켜줬기 때문

소싯적 학교에서 누구든 배워야만 했던
역사 위인의 인생과 삶
교과서를 통해 얻은 얄팍한 지식의 씨앗을 심고
가꾸며 애써 살아온 나

덤으로 얻은 새로운 삶
다시 심을 마지막 씨앗을 고른다
나의 인생 2막의 가장 찬란하게 빛날
가장 아름다운 꽃씨 하나를 심는다

간이역

누가 만들었을까
우리들의 간이역

기다림의 간이역
그리움의 간이역

늘어진 약속으로
폭동이 되어 세워진 간이역

설원의 향적봉
꼭짓점 상고대에

간이역을 세우고
세상의 회포를 풀어재낀다

60갑의 삶을 만설에 묻고
걸음마부터 다시 배운다

먼 훗날의 간이역은
주막집이었으면 좋겠다

우리 말이야

너 혼자 있구나
나도 혼자야

네 마음속엔 누가 있니
내 마음 안에도 난 혼자야

함박눈이 펑펑 내릴 땐 혼자가 아니었어
하늘 꽃을 맞으며 익선동을 걸었어

하늘 문이 닫히니 혼자더라
너도 그렇게 태어났구나

그럼 우리 친구하자
너도 나도 외로우니까

나 많이 춥기도 하지만
그보다 더 추운 건 가슴이야

눈꽃

하늘을 닮고 싶었나
저 높은 자리에 올라앉아 눈부시게 아름다웠을 너
가녀린 저 꽃대를 하늘 높이 추켜세워
요염한 자태로 뭇 나그네의 마음을
얼마나 훔쳤을까

그것도 모자라 지고 떠난 그 자리에
너의 영혼까지 다시 피었구나
순백의 저 눈꽃으로

안개

투명 안경을 끼고
뿌연 안갯속의 길을 젓힌다
안개에 갇힌 이 흐려진 세상을
뚫고 나가야 보여질 그 신기루

산마루에 걸친 무지개는
쫓아가도 또 따라가도
잡히지도 않았건만
우리는 희망이라 믿고
눈만 뜨면 쫓아가는 인생

종착역 그곳엔
신기루 같은 신세계를 쫓다 지친 영혼들이
부둥켜 끌어안고 노을에 잠이 든다

날마다 꿈꾸는 삶

매일이 꿈꾸는 삶이라면
희망은 평생토록 나의 영혼과 성장하는
운명 같은 화신입니다

삶을 다하는 날까지 세상의 인연들이 엮여
희망을 채워갈 내일들을 순번대로 맞이합니다

태양의 열정으로 하루를 태우고
노을빛에 잠이 들면
쉼으로 드는 저녁달과
새날의 꿈을 잉태하고

발 앞에 떨구어진 오늘이
어젯밤 소생한 꿈이라면
나는 또 마음 다잡고
꿈의 길로 집을 나섭니다

섬진강 연서

올해도 나를 부르는 너
네가 부르기 전
내가 너를 먼저 찾는다

꿈결에서도 눈부시게 빛나는 넌
섬진강 물결을 휘어 안고
광양의 봄을 띄워 나를 깨우는구나

내가 네게 반한 거냐
네가 나를 유혹한거냐
폭설로 사랑 길을 덮어도
나는 널 찾아 밤을 헤맨다

가는 님은 해마다 바뀌어도
너를 찾는 내 마음은 외길
첫 사랑을 훔친 너에게로
새벽달을 앞세워 길을 밝힌다

봄 한 웅큼

난 여기서 널 부르고
넌 거기서 날 찾으니
어이 애달프다 아니하리
설레발치는 마음만 바쁘다

난 네게로 넌 내게로
어느 시에 갇힌 마음 풀어 헤쳐
봄을 담을까

속적삼을 파고드는 봄
가슴을 태우며 오는 봄
설렘으로 부풀어 피는 봄

오늘은 너를 만나
봄을 한 움큼 움켜 안으리
우리들의 향기로 가득한 봄
아름다운 그 봄을 노래하리라

미련은 이제 그만

미련 따위에 마음 붙들지 마
벌써 몇 해 년이야
널 품고 껴안고 살아온 날이
이전의 나로 다시는 못가네

이쯤해서 그만해 우리
헤어지기 딱 좋은 오늘
이슬비도 감성을 누르고
안개비는 눈을 감게 해
그만 좀 잊으라고

다신 돌아보지 말자
하늘 여행 한껏 하다
여행 끝나는 어느 곳에
다시 피어나는 꽃이 되자
귀한 인연을 만나

춘심

춘풍에 흔들리는 중심 없는
빈 마음만 그네를 탄다
무엇이 마음을 흔들었을까

그들이 깔아 놓은 퍼즐판에
맞추고 끼워 봐도 끝이 없는
놀이는 오늘도 미완성이다

춘풍은 허공에 길을 잃고
퍼즐의 조각들은 기억의
상실 속에서 시간만 먹는다

사월의 봄도 주인 없이
빈 그네만 홀로 흔든다
봄의 퍼즐들이 주인이었을까!

그 봄을 뒤로한 채
우리들의 진짜 봄을 찾아
길을 떠난다

인생 막걸리

인생이 막걸리 같다면 좋겠어
달달하고 상큼하다니 말이야

거기에 첫 맛은 달콤하고 뒷맛은 깔끔하다니
그럼 최고지 뭐야

사랑은 달콤하게 사랑하다
깔끔하게 소풍가는 거지

내 인생도 막걸리 같았으면
진짜 좋겠다

섬

내 안의 켜켜이 쌓인
주인 없는 그리움들이여

부질없는 기억들까지
이 섬에 놓고 가련다

지독한 사랑의 추억하나 없는
지난 허상의 세월까지도

청춘

찬란하게 빛났던 내 청춘
어느덧 세월 뒤로
나를 마중하지만
청춘의 추억이 있어
힘의 근원이 되는 오늘

그래서
신축년 마지막 월요일
풋풋한 청춘의 길 위에
매서운 한파를
기쁘게 맞이 한다

가슴안에 심장이 뛰는한
청춘은 지난게 아님을
너는 알고 있니
너는 아직 청춘이라는걸

최/영/문

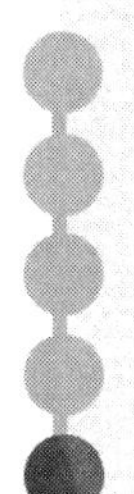

아호는 솔닮
경기 포천 출생
수원농업고 졸업
동남보건대 졸업
호원대학교 졸업

종자기능사
조경기능사
방사선사
사회복지사
보육교사

2021년 ≪세계문학예술≫ 시 부문 등단

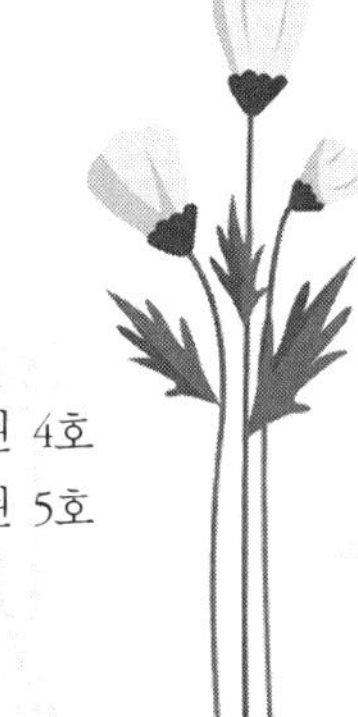

2021년 세계문학예술잡지 ≪세계문학예술≫ 통권 4호
2021년 세계문학예술잡지 ≪세계문학예술≫ 통권 5호

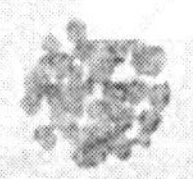

꽃 그리고 사람

꽃도 사람도
사는 것이 같은가 봐요
기다림의 연속이니까요

꽃도 사람도
이쁘고 고운 시절 있어도
세월이 지나면 그 뿐

오늘도
가는 세월을
이길 수 없는
꽃이고 사람인 하루였어요

내일도
오늘과 같은
내일이 될 거예요

내일은

또
어떻게 열릴까
몇 번을
맞춰봐야 열 수 있을까

미련하다
열리지 않을 걸 알면서
열심히
열려고 하는 욕심이란

밀물 그리고 썰물

우울한 아침이라는 생각이
밀물처럼 밀려왔습니다

그제 저녁만 해도
우울한 생각은 썰물처럼
내게서 빠져나갔기에
다행이다 싶었습니다

그때는 몰랐습니다
썰물 뒤에는 밀물이 있음을

그렇게
들고나감을 반복하는 것이
순리이며 이치인 것을

오늘에서야 어렴풋하게나마
알게 되었습니다

오늘 밀물처럼 들어온 우울도
내일이면
아니 잠시 후일 지도 모르지만
썰물처럼 나가겠죠

그리고
그대가 내 편이라는 생각을 한순간
행복이 밀물처럼
몰려와 행복하게 할 겁니다

잠시 후
행복해질 생각을 해본다는 것은
지금
그대를 생각한다는 것입니다.

기억에 관하여

기억이란 것

세월이 가면
잊힌다지만
잊히지 않을 것 같아

세포 하나하나마다
너여서
너를 기억하고 있기에

손 세포는
마주 잡았던 따스한 손을
눈동자 세포는
하얗게 웃던 미소를

이렇게 기억하는데
잊을 수가 있겠어?
보고 싶어서 아프다

꿈

내가 꾸는 꿈은
너인 거야

왜냐고 묻고 싶지?
도라지꽃인 너를 꿈꾸는 거야
너 니까

못자리

못자리하는 날엔
바람이 불어 난리요
비닐 덮어야 하는데
덮기가 힘드네요

미친 소 날뛰듯
펄럭이는
비닐 한쪽 끝을 잡고
바람에 날리지 않게
이리 뛰고
저리 뛰고

내 맘도
같이 뛰는 거는 왜일까요

윗마을 친구가
양복 입고
서울 장안평으로 취직 가서 그런 것일까요

그것만도 아녀라
아랫집 춘희 날 잡았다고
청첩 와서 그럴까요

젠장
못자리하는 날
성질나게
바람 불어 난리!

원죄

죄가 없다 말할 수 없는 것이요
태어난 자체가 죄요

원죄라
죄를 짓기 위해 태어난 것을
어찌 하오리까

시시포스의 신화에서처럼
오늘도
큰 바위 어깨에 짊어지고
죗값을 치르는 하루였다오

내일도
또 그러할 것이요
원죄라

화전유감

술꾼 술안주인 줄 알았더냐
아니다 아니다
꽃이다 사랑이고 시다

그저 쓰디쓴 술안주라 하지 마라

인생을 담고
세상과 우주를 담아 빚은
생명이다

눈으로 한 잎 담고
꽃을 노래하고
입으로 한 잎 담고
인생을 읊고
가슴으로 한 잎 담아
세월을 노래하여야 하는
화전이다

그래도
아쉬우면
농주 한 잔 청하고
답시 한 소절 주고 가야 할
화전이다

내 눈에

내 눈에

보고 또 봐도 보고 싶거나
봐도 그만 안 봐도 그만이거나
볼까 봐 무서운 것이 있다

너는
보고 또 봐도 보고 싶다
너여서 그런 거야

언제까지냐고 물으면
네가 나를 봐줄 때까지야
그래야겠지 너를 위해서

나는 괜찮아
괜찮지 않아도 괜찮을 거야
너를 만난 인연이 내겐 전부여서

참

내가
그댈 보고 싶어 하는 것 아시오?
참이요

내가
그댈 바라보는 이유도 아시오?
참이요

그대 없다 하니
나 없는 것보다 슬프다오
그것도 참인 거 아시오?

내게 그대여서
그대 계시기에
고맙소 그 또한 참이요

묘비

한심하다오 한심해
그러니
한숨도 긴 한숨만 나오지 뭐요

그래도 다행인 것은 한심해도
죽지 못해 사는 거요
살지 못해 죽는 거보다 괜찮소

쥐뿔도 모르면서
아는 척하는 나는 오늘도
무덤 하나 만들었소 부끄러운 무덤

내일은 어떤 무덤 만들지 모르지만
다행히 나도 내가 바보임을 안다오
그래서 어떤 무덤도 괜찮소

무제

내 눈에
이뻐 보여도

누군가의
눈에는 슬픔이고

또
누군가의 눈엔
공포인
그대 꽃상여

이별유감

훗날
삶의 고행 끝에서

내게
남겨진 것은
중간중간 삭제된
삶 일부분의 기억뿐일 것이외다

그렇게
남겨진 기억의 조각들은
그대가 전부일 것 이외다

삶이란 헤어짐의 연속인 것을
이별에 감정이
없을 리가 있겠소

이별도 사랑인 것을
내 남은 기억의 전부는
그대여서
행복하게 갈수 있다오

이별의 감정은 사랑이외다
하여

그대가 사랑이외다
내게는

하여
재회를 꿈꾸는 바외다

사실의 진실

그런
사실이 진실이 아니라 하오
그럴 줄 알았더이다

그렇다면
남겨진 1%의 진실에
99%의 가식이
잠들기를

간절히 소망하며

관계에 따라

내가 타인과
약속
모임
많을수록 좋다
많아야 적당히 한두 군데 빼먹고
지키지 않아도 되니까

내가 나한테
약속
모임
적을수록 좋다
꼭 지켜야 하기에 많은 것보다는
적은 것이 좋다네

그렇지만
내가 너와의 관계에서는
적어도 혹은 많아도 좋다
많을수록 좋다
다 지켜 낼 것이거든
그대여서 그대니까

잠 못 드는 밤

밤은 깊어 가는데
누가 잠들지 말라는 것도 아닌데
잠은 오지 않고

점점
또렷하게 보이는 것은
후회 가득한 나의 실언 실수들

밤새
주워 담으려 해도
내 주머니는 구멍 난 주머니

하늘 덮은
실언 실수들이 어두운 밤 밝히고
되돌릴 수 없음에 좌절은 춤추고

잘 못 살았다오
어찌할 수 없는 고통이라
어찌하지 못할 후회들 덕분이요

오늘 밤도 잠들기는 틀렸구려

ps

속뜻은?
밤새는 것과
밤샘하는 것은
밤에 잠을 안자는 것은 같죠?
속뜻은 다르겠지만

이런 아뿔싸

이런
오늘도 잘 못했다오
어제도 잘 못했건만
내일은 어찌 될지

아뿔싸
잘 못의 반복이라니
잘한 것이 있기는 있는 게요
그러게 말이외다

잘한 것 하나 있소
그댈 사랑한 것이요
그뿐이요
그것 하나뿐이요

뭘 보는 거요

그대요
어여쁜 그대요

세상
뭘 볼 게 있다고 보겠나이까

나의 두 눈은
오로지
고운 그댈 보는 것으로 기쁘다오

사진

그럴 줄 알았소
후회될 줄 알았나이다

사진 한 장 찍자고 할 걸
마음속 가슴속에 저장하면
될 줄 알았는데
그것이 아니었나 봅니다

이렇게 보고 싶을 때
눈으로 보고 싶을 때
사진 한 장이라도 있었으면

비

비가 온다고 하는데
비는 간다고 하는구려

내게로 오는 줄 알았는데
아니었소
가는 거였소 내게서

차별 없이 올 줄 알았는데
가신다 하니
그래도 나는
괜찮소 괜찮다오

비라서 그런 거요

바람

너는 좋겠어
바람

갈수 있는 곳
마음 따라갈 수 있어서

마음대로가 아니니 아니
마음 따라랍니다

솔향기 솔바람처럼
사랑 향기 사랑 바람 되어

내가 쓴 글

또
오늘처럼
아…, 어제처럼 일 수도 있어

널 사랑하고
널 잊고 지우고 기억하겠지
(널 또 사랑하고)
너여서 너이니까

그런
오늘도 괜찮았어
네가 내겐 전부인 하루여서

바다

바다를 보기 전엔
파도를 봤죠

바다를 보고 나니
바다 건너를 꿈꿉니다

해가 뜨는 곳
욕망과 꿈이 살아 숨 쉬는 곳

아마도
그대가 계시는 곳일까 싶어
그대 이름 써봅니다

그리고
그립다고 읽어봅니다

그리움?

마음속에 있는
그리움이 무엇인지요?
먹는 것?
놀이터 놀이 기구일까요?

그리움을 먹고
함께 지내다 보니
외로움도 동무하자 하고

그리움이 뭘까요?
사랑의 시작이거나
사랑의 목마름

쉬운 일이 없다오

세상 쉬운 일
누워서 떡 먹기라 한다오
어찌 쉽다 하는지

세상만사
마음먹기 달렸다 하오
어찌 그리 쉽게 말하는지

내 가만가만 보아하니
쉬운 일은 하나도 없더이다
쉽다 생각하니 쉬울 뿐이더이다

오늘도 어렵소
그댈 마주하여 보고 싶음이
그래도 쉽게 마음먹어 보려 하오

그립고 그립나니
하늘빛도 저리 고울 수가
고운 그대가 간절히 보고 싶다오

한 번만

한 번만 줘라요
아이스케키 먹는 친구 입만 봤소
이런
다 없어졌구려
나무 막대기 하나만 남기고
달콤 시원했을 요물은 사라지고

미련 없이 뒤돌아서
에이
한 입만 주지
욕심쟁이 너랑 안 논다
내 것도 아닌데
욕심쟁이라고 욕할 것은 뭐냐

그래서
제발요 제발 제발하며 사요
나만 그런가
그렇다면 참 불쌍한 인생이요
오늘도 어제처럼 제발 거리니
제발 한번 만 불쌍하게도

생각

생각을 가지고 있다오
생각만 하는 것이지
행동으로 옮기지 못하고
결국 생각은 지워지겠지

그래서
다시 생각했네
생각만으로 남겨두기엔
그댈 너무 좋아한다는 것이라오

말을 해야 하는데
말을 해야겠지
말을 하는 거요 이렇게
사랑해

싫지 않소

같은 느낌
같은 생각
같은 방향
싫지 않소
그대여서

그대와
처음과 끝은 다를지언정
과정이 같다는 것
싫지 않소

무엇을 하든
어디에 있든
함께 한다는 것
싫지 않은 일이요

모정

– 요양원에서

요양원에서
대면 면회를 하였습니다
2년여 만이었습니다

마음이 아픈 것은
어머님께서
이름을 불러본 지
오래라서
이름을 잊으셨다 하셔서

저도 많이
아팠습니다
죄송합니다

후회

그대가 보고 싶었다오
진즉 만났으면
한 번이라도 더 볼 수 있었을 것을

보고픔을 자꾸 만들어 놓으니
후회도 따라서 만들어지는가 보오
진즉 만나지 못한 것에 대하여

후회가 싫어서 보고 싶다고
글 쓸 수 있는 곳엔 다 써봅니다
마음속에는 천만 번도 더 썼네요

5인 시집

비와 함께 보내는 연서

초판발행일 2022년 11월 10일

지은이 : 강경배 김정자 김화연 선경님 최영문
발행인 : 김순진
편집장 : 전하라
디자인 : 김초롱
펴낸곳 : 도서출판 문학공원
등　록 : 2004년 3월 9일 제6-706호
주　소 : 우편번호 03382 서울 은평구 통일로 633
녹번오피스텔 501호 스토리문학사
전　화 : 02-2234-1666
팩　스 : 02-2236-1666
홈페이지 : http://munhakpark.com
이메일 : 4615562@hanmail.net

※ 책값은 뒤표지에 있습니다.